LEARN HOW TO DRAW ANIMALS BOOK

for Children
STEP BY STEP

Copyrights © 2020
Bongdap Kemza

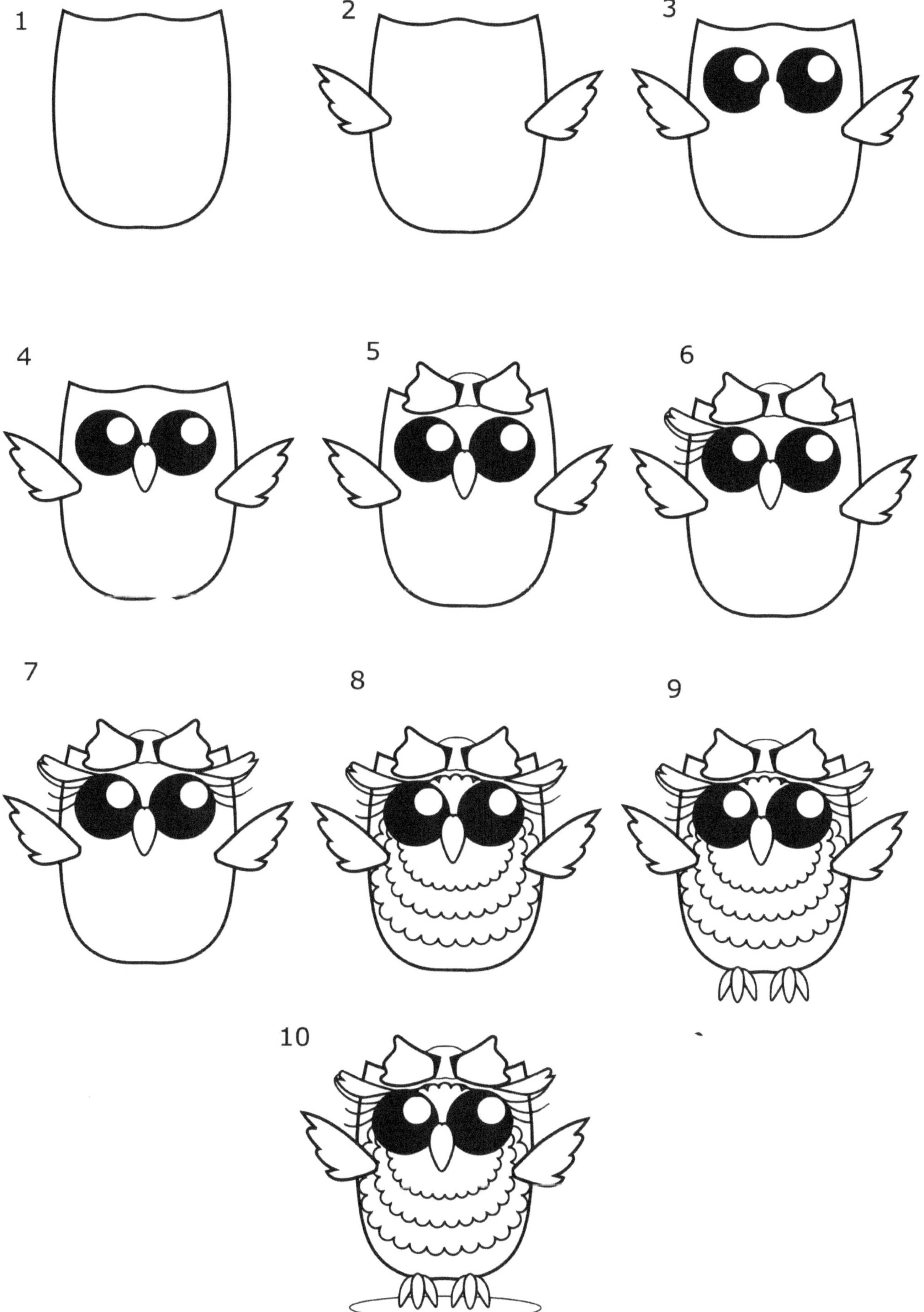

1
2
3
4
5
6
7
8
9
10

1

2

3

4

5

6

7

8

9

10

11

12

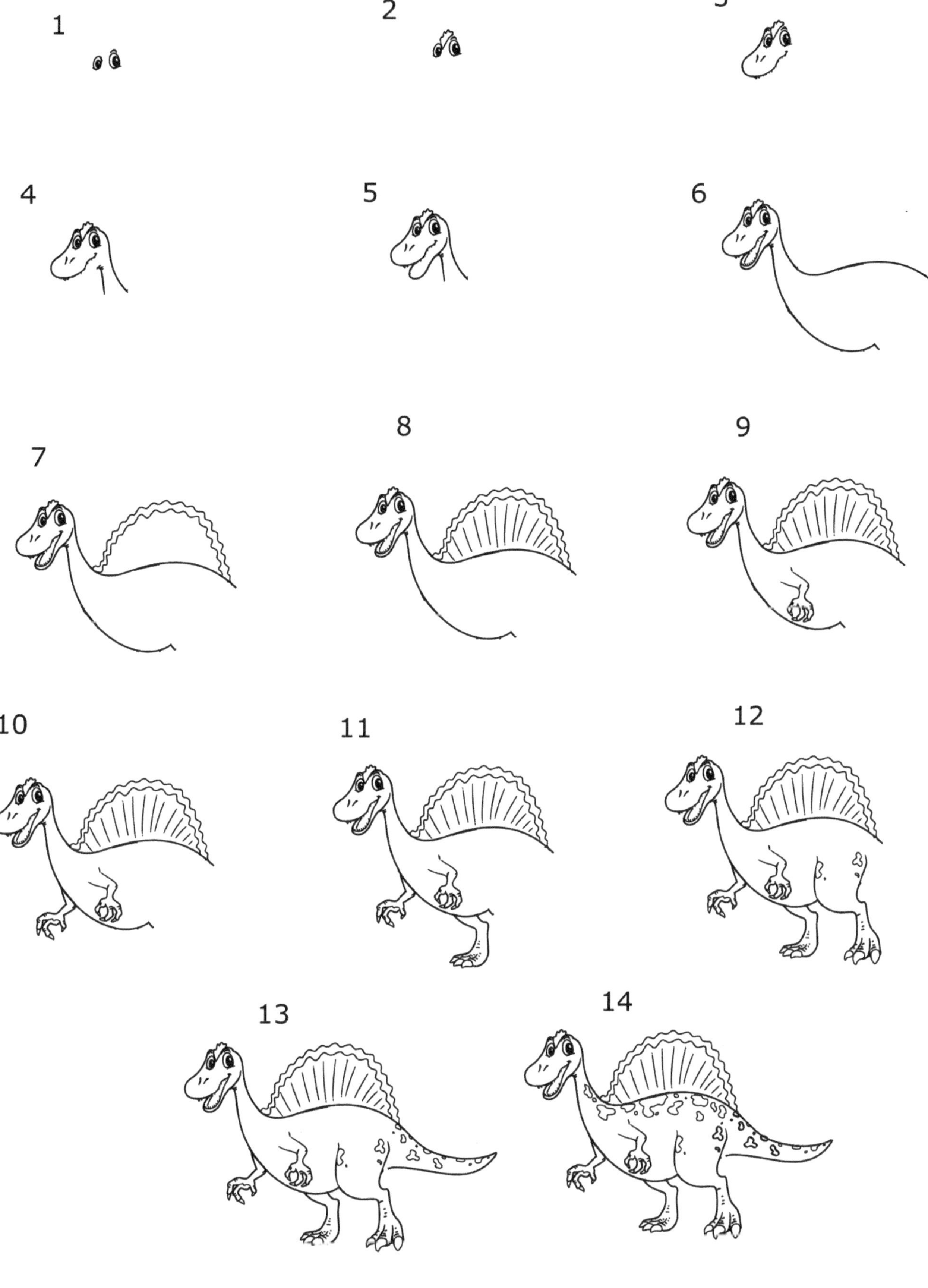

1
2
3
4
5
6
7
8
9
10
11
12
13
14

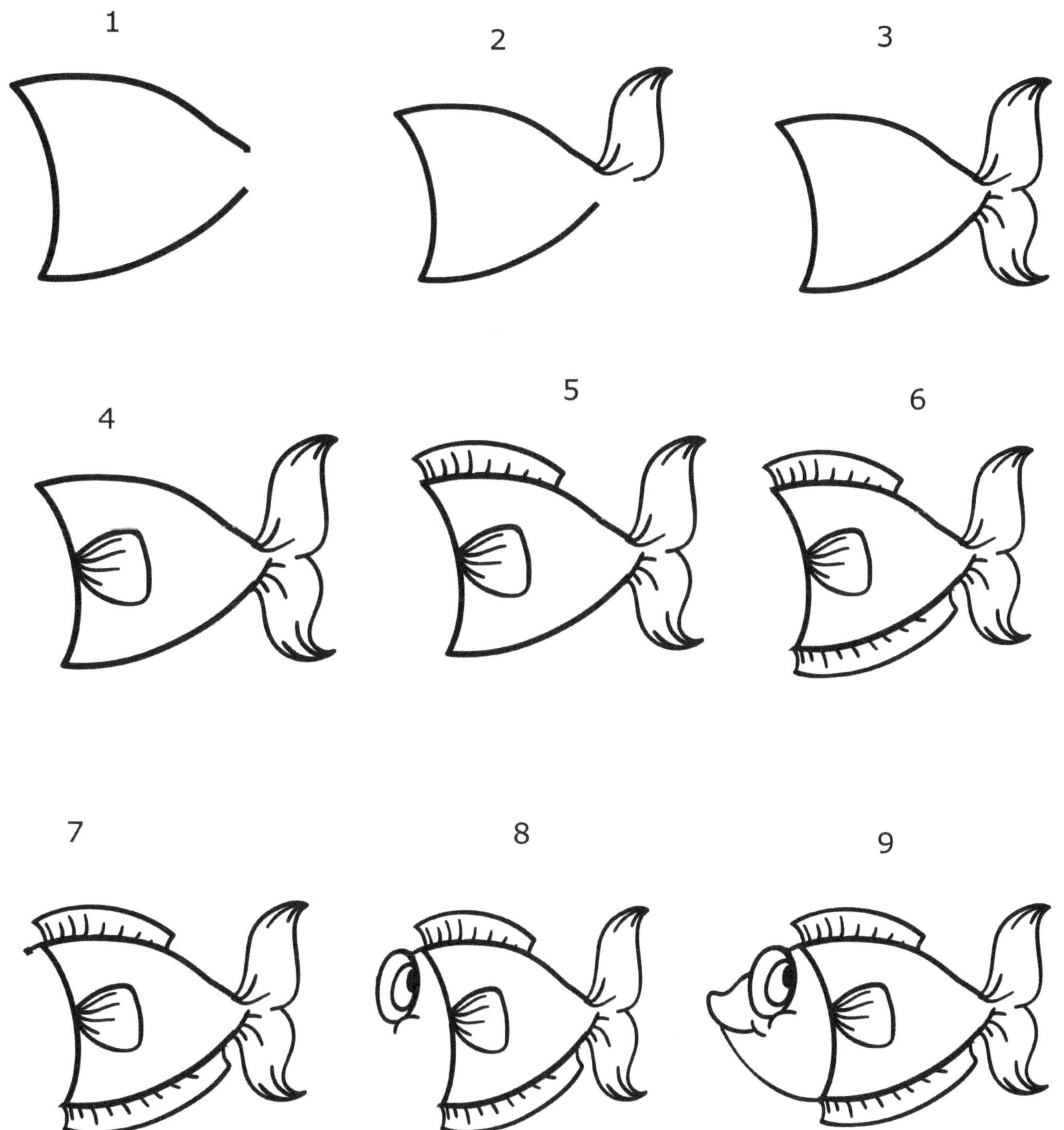

1
2
3
4
5
6
7
8
9

1

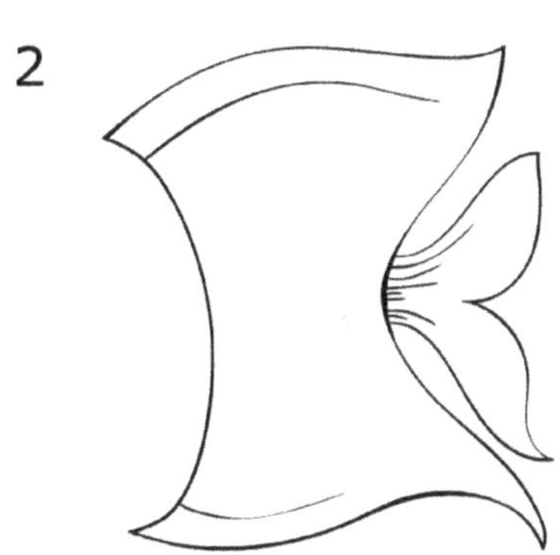

2

3

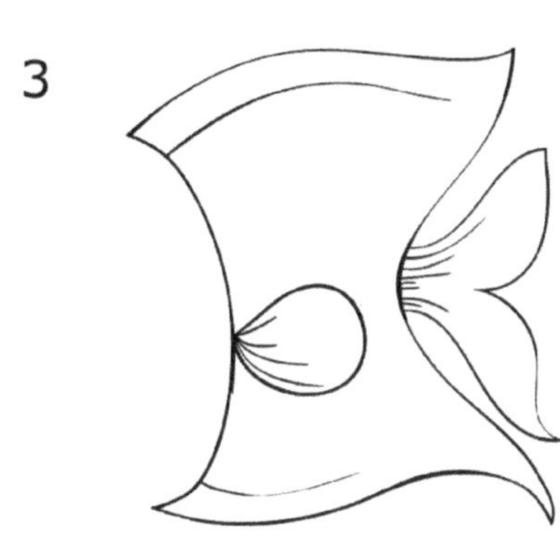

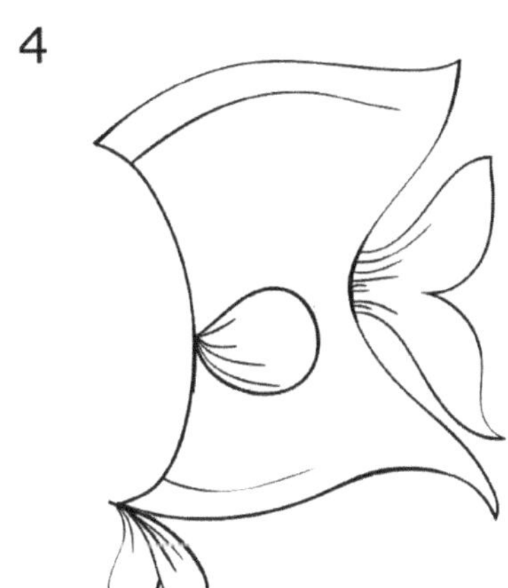

4

5

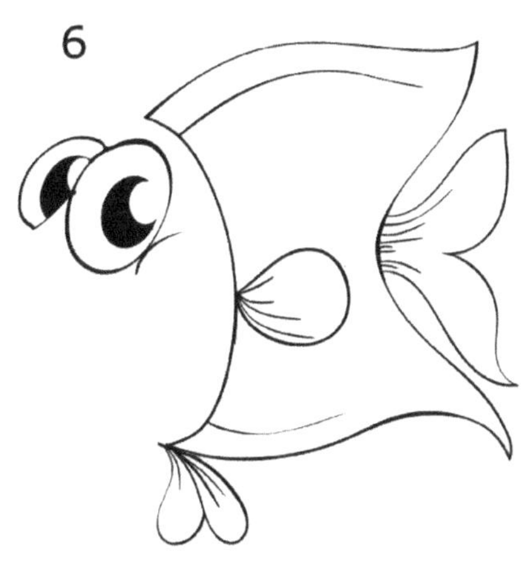

6

7

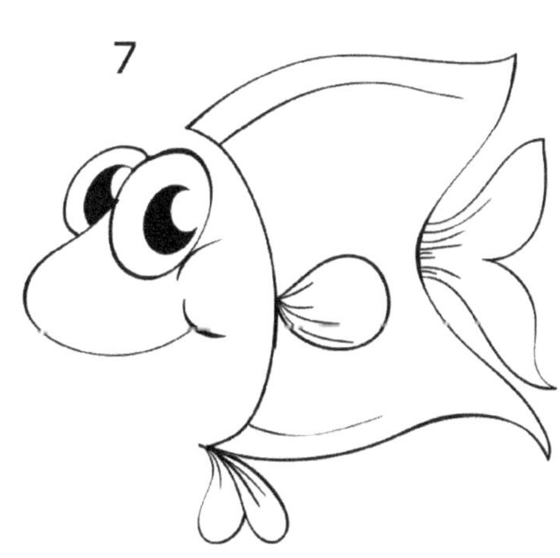

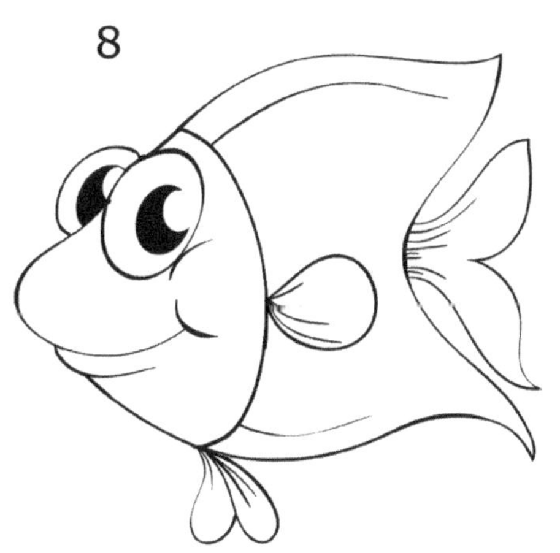

8

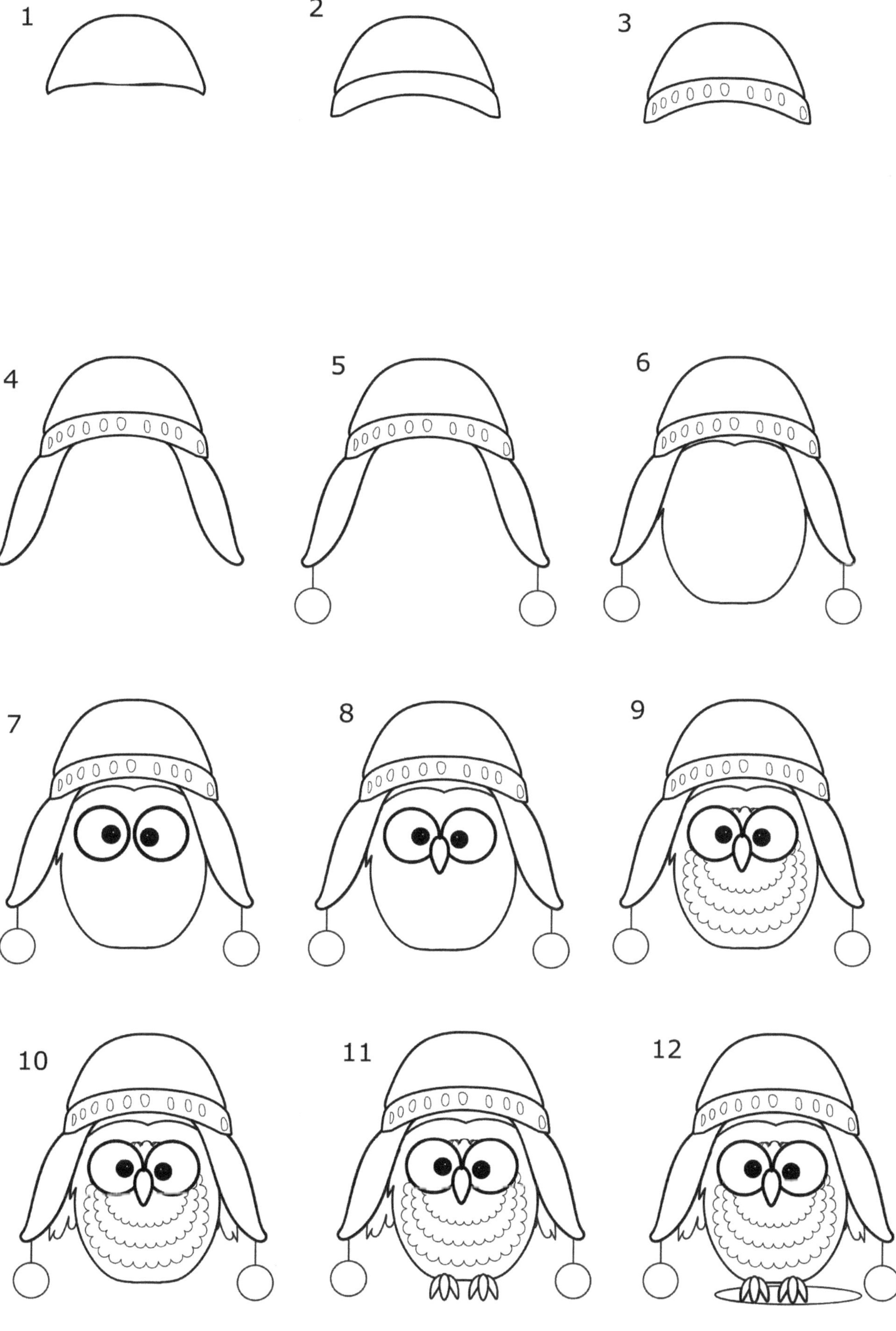

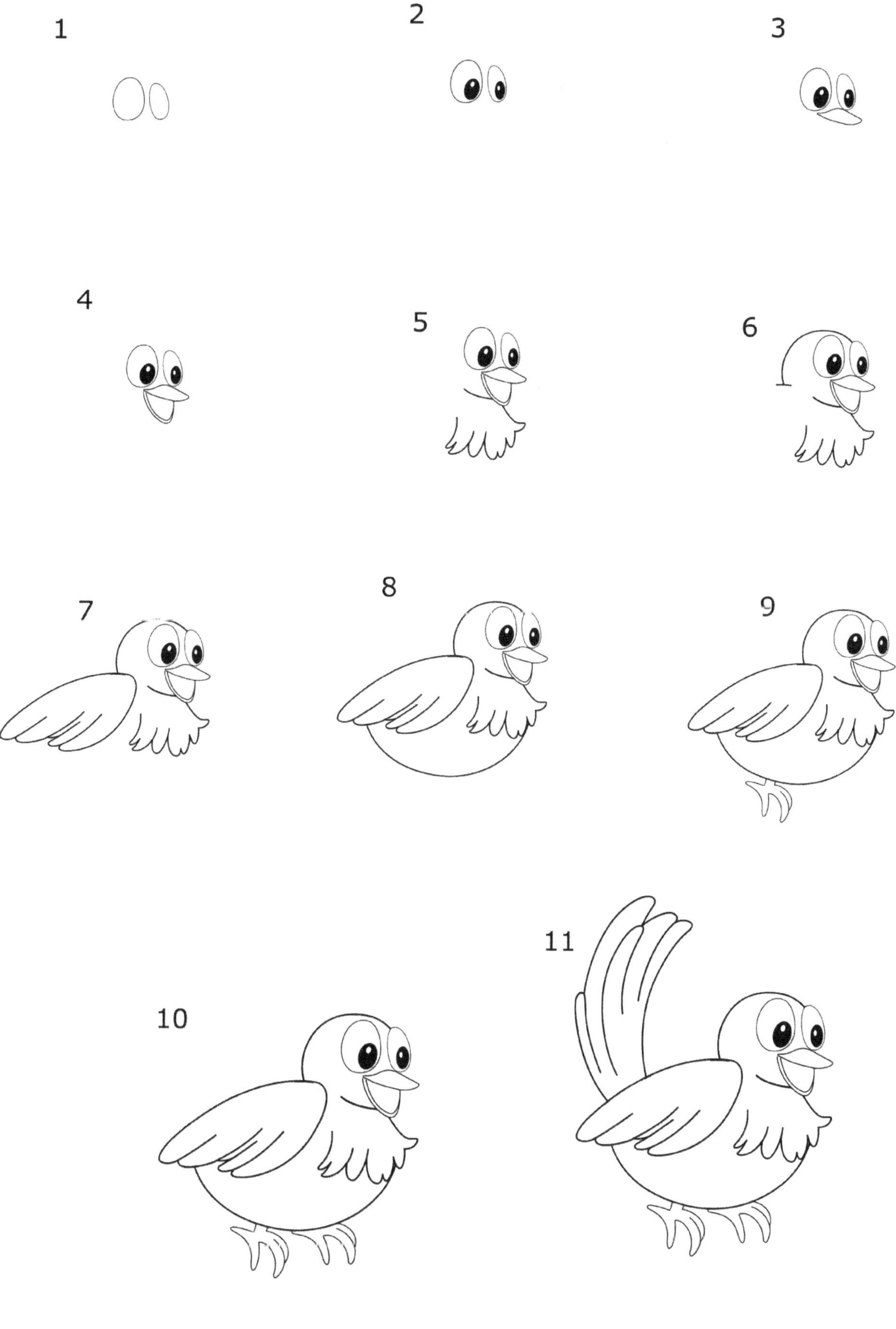

1
2
3
4
5
6
7
8
9
10
11

1

2

3

4

5

6

7

1
2
3
4
5
6
7
8
9
10
11
13

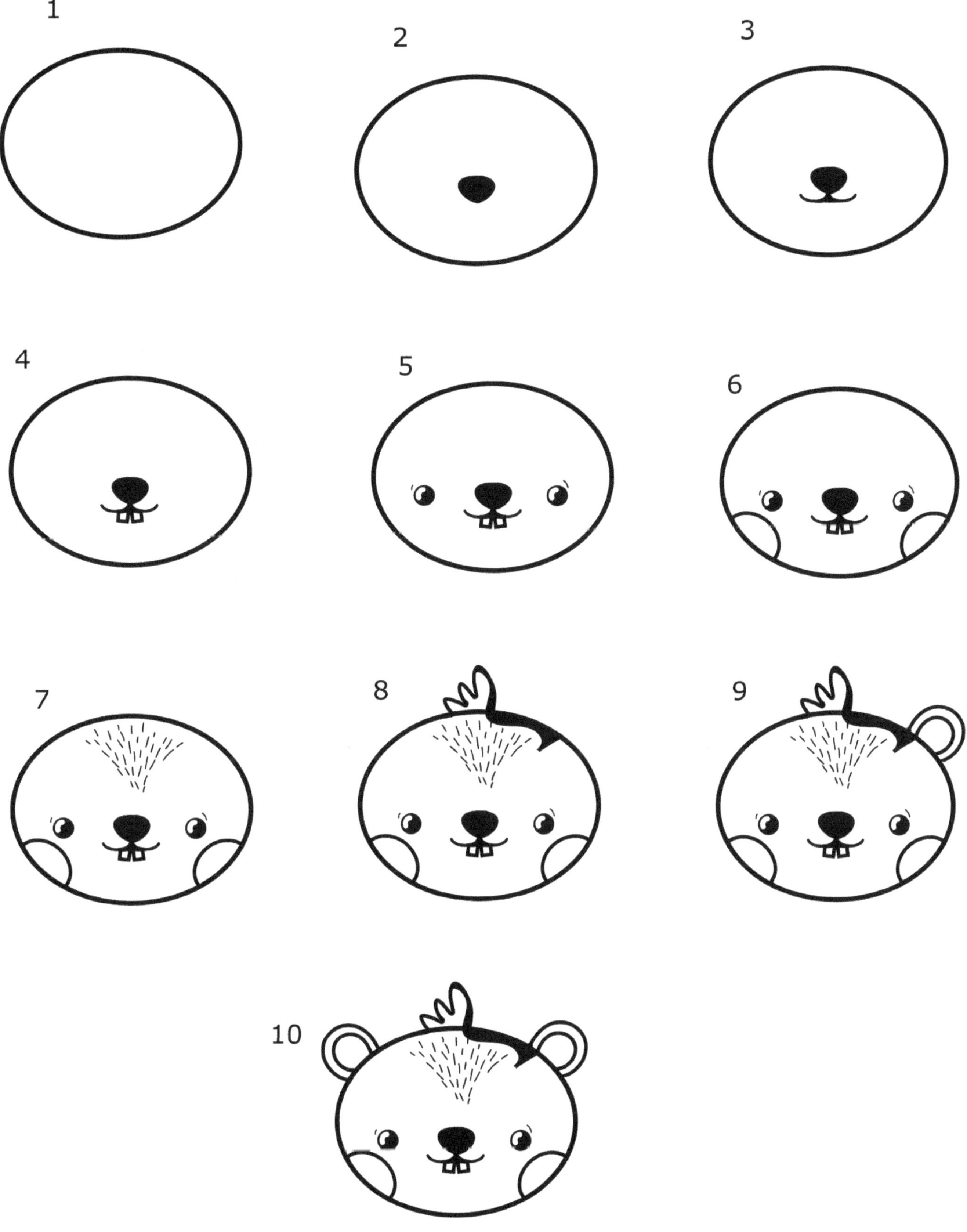

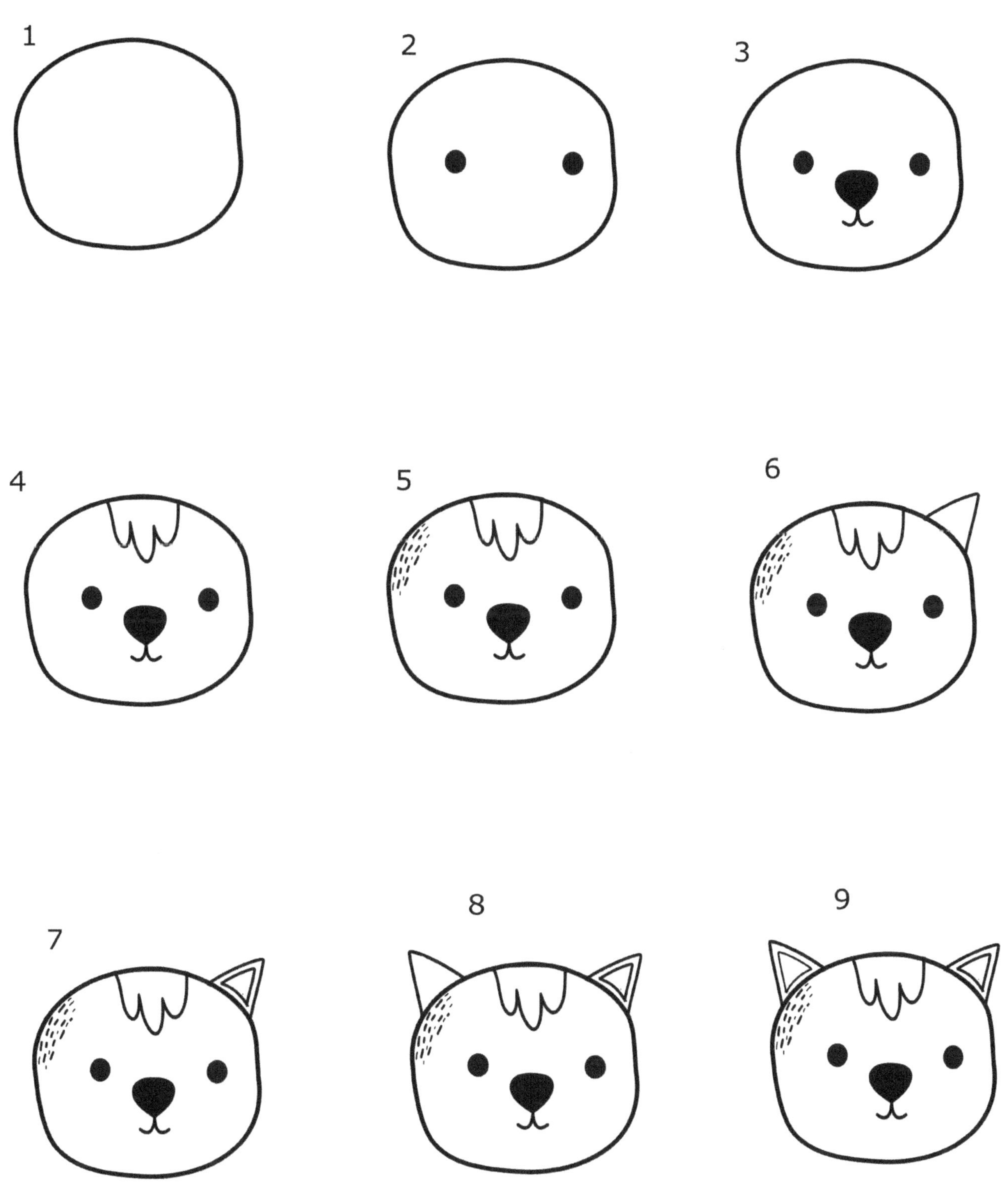

1

2

3

4

5

6

7

8

9

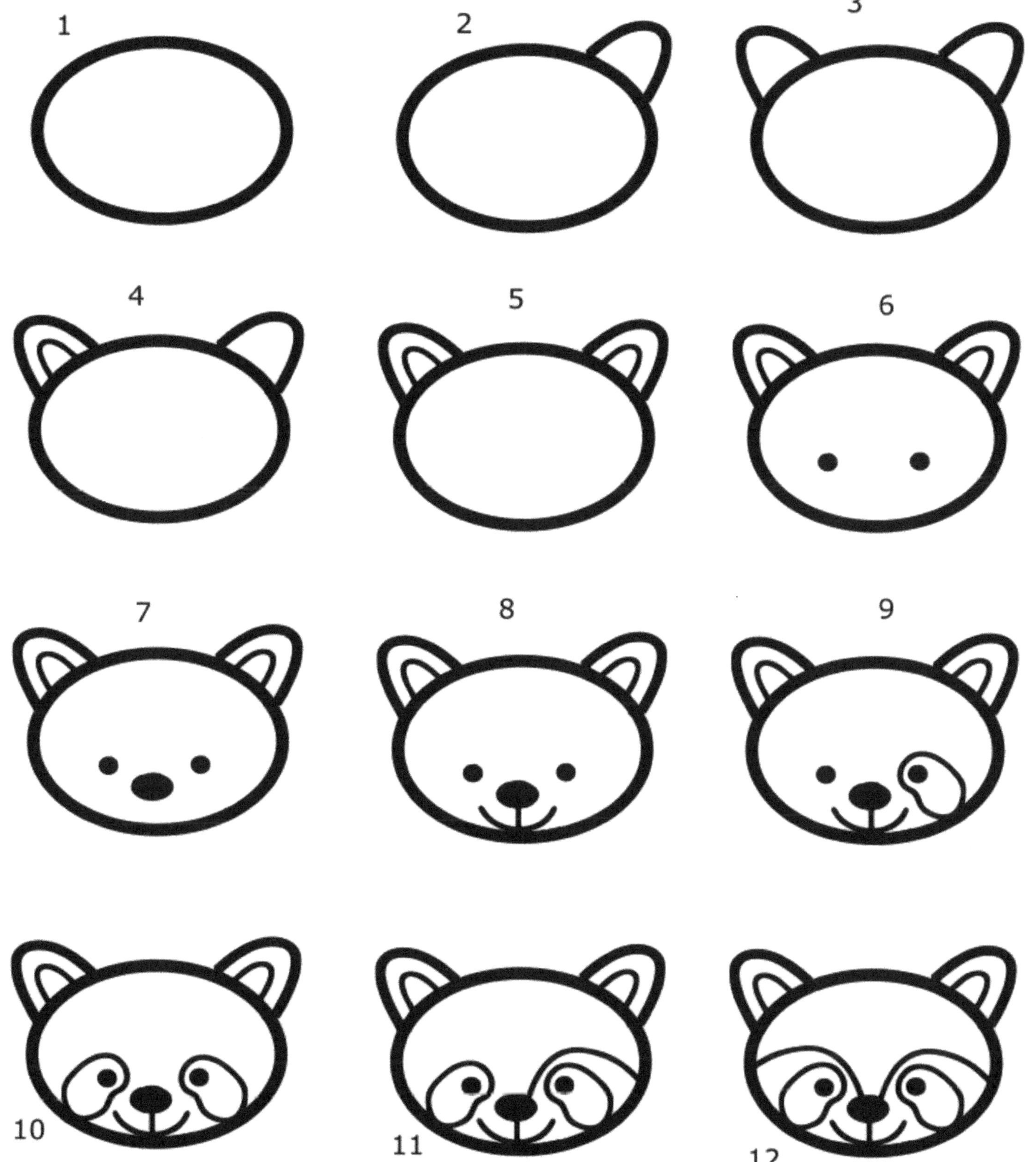

1
2
3
4
5
6
7
8
9
10
11
12

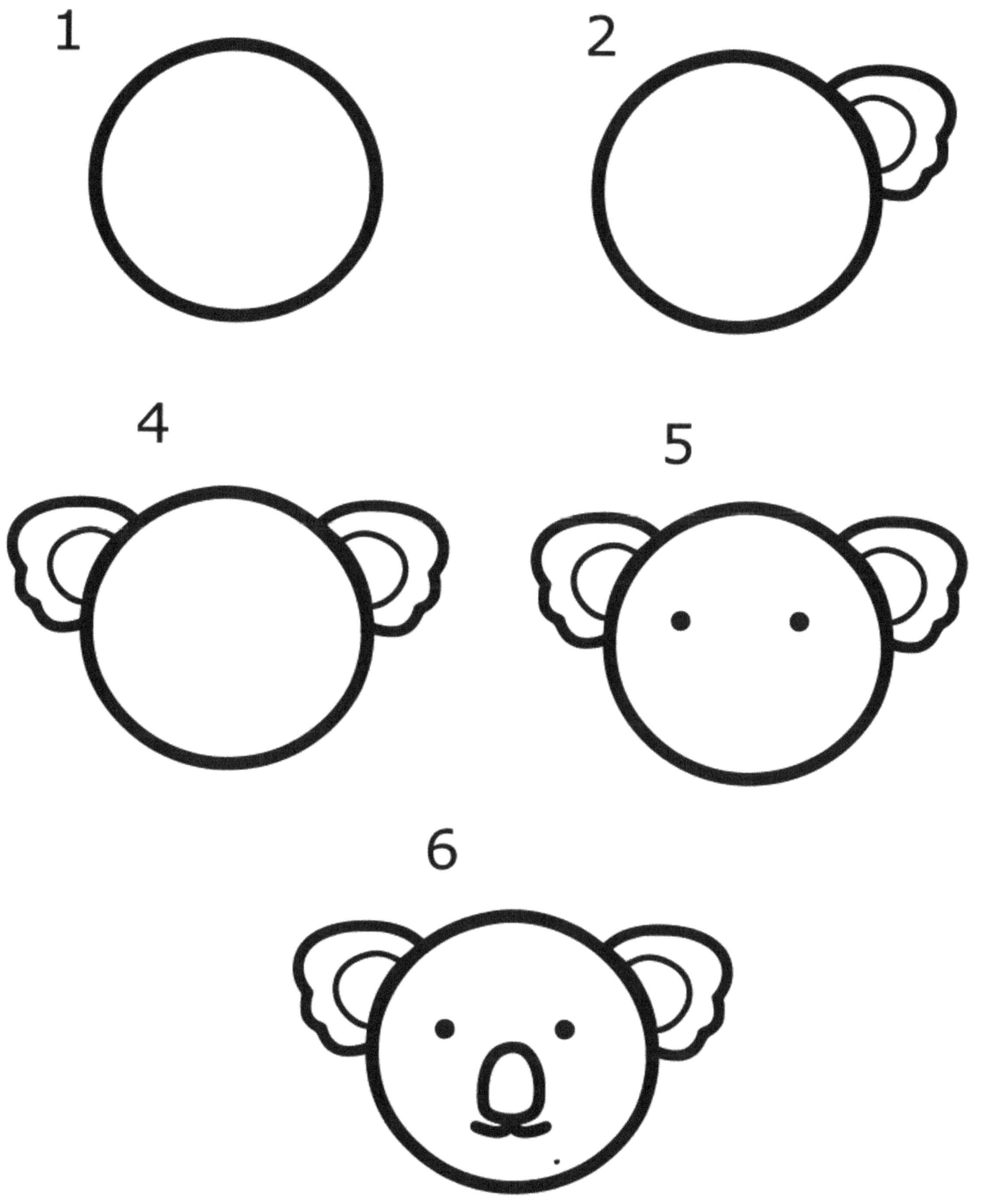